Robert B. van Huystee
Maha M. Alsubaie

A enzima peroxidase, com três moléculas para além da proteína

AF666149

Robert B. van Huystee
Maha M. Alsubaie

A enzima peroxidase, com três moléculas para além da proteína

E as suas funções

ScienciaScripts

Imprint
Any brand names and product names mentioned in this book are subject to trademark, brand or patent protection and are trademarks or registered trademarks of their respective holders. The use of brand names, product names, common names, trade names, product descriptions etc. even without a particular marking in this work is in no way to be construed to mean that such names may be regarded as unrestricted in respect of trademark and brand protection legislation and could thus be used by anyone.

Cover image: Disponibilizado pelo autor

This book is a translation from the original published under ISBN 978-620-2-30324-8.

Publisher:
Sciencia Scripts
is a trademark of
Dodo Books Indian Ocean Ltd. and OmniScriptum S.R.L publishing group

120 High Road, East Finchley, London, N2 9ED, United Kingdom
Str. Armeneasca 28/1, office 1, Chisinau MD-2012, Republic of Moldova, Europe
Printed at: see last page
ISBN: 978-620-8-36410-6

Copyright © Robert B. van Huystee, Maha M. Alsubaie
Copyright © 2024 Dodo Books Indian Ocean Ltd. and OmniScriptum S.R.L publishing group

Abbreviations:

APRx - anionic peanut peroxidase

CM - carboxy-metal

Con-A -concanavaline A

CPRx -cationic peanut peroxidase

EGTA -ethylene glycol bis (amino ethyl ether N,N,N, N –tetra acetic acid)

ELISA -enzyme linked amino-sorbent assay

HPLC -high performance liquid chromatography

PAGE -poly acrylamide gel electrophoresis

NMR -nuclear magnetic resonance

PNGase -peptide –N-glycosidase

RCA -ricinis communis affinity

RZ - rheinheits zahl (A405/A280nm)

TPCK -tosyl –L-phenylalanine-chloromethylketone

UEA - ulex europaeus affinity

WGA - Wheat globine (ricinis communis) affinity

Índice

Resumo:

Esta é uma história de uma escolha de material vegetal, bem como a escolha de uma proteína específica.

Posteriormente, foi estudada a estrutura da proteína e as suas três subunidades diferentes.

O papel destas subunidades na enzima foi explorado, bem como o papel da enzima no metabolismo das plantas. Sempre que possível, foram mencionadas as ligações com outras moléculas semelhantes, inclusive em animais. É dada especial ênfase às várias formas e composição das cadeias de glicanos da isozima principal.

1. A utilização de amendoins e as radiações ionizantes

Embora os estudos iniciais sobre a peroxidase do amendoim tenham sido sugeridos como um sistema modelo para o seu papel na ciência das plantas como uma proteína heme (van Huystee e Chibbar, 1987; Dunforth, 1999), trabalhos posteriores revelaram agora duas outras moléculas para esta enzima, e a sua influência na estrutura e no papel desta enzima é o objetivo final deste relatório.

Foi apresentado um relatório preliminar (van Huystee et al 2002). Além disso, foram levantadas algumas dúvidas sobre a extremidade das cadeias de glicanos, que foram agora resolvidas.

A fonte para esta enzima foram células de amendoim em cultura de suspensão. As células foram derivadas de sementes esterilizadas cortadas (Arachis hypogeae). As sementes de amendoim (tipo Virginia 56 R) foram inicialmente utilizadas em experiências para testar os efeitos da radiação ionizante nos ácidos nucleicos envolvidos na síntese proteica (van Huystee et al, 1968). No entanto, o objetivo principal no local deste primeiro estudo, pelos autores alternativos na Universidade de Purdue, tinha sido as alterações fisiológicas e bioquímicas na estrutura celular das sementes de amendoim durante a germinação (Cherry, 1963; Duda et al, 1967).

Os estudos subsequentes do autor, no seu local atual em Londres, destinavam-se a continuar a examinar os efeitos da radiação ionizante para obter uma compreensão mais profunda destes efeitos da radiação ionizante nas macromoléculas, particularmente nos ácidos nucleicos, e assim examinar subsequentemente a síntese proteica através de aminoácidos marcados com isótopos. Um exame inicial para verificar se as sementes eram um tecido homogéneo para tais estudos, através de um exame micro-radio-autográfico após a incubação das sementes com leucina-^{3} H, indicou que as proteínas não eram tão intensamente marcadas no local ad-axial como no ab-axial de um cotilédone (van Huystee e Verma, 1969). Assim, uma vez que a síntese específica de proteínas localizada na semente difere de local para local, procurou-se uma abordagem alternativa. Já não é tão surpreendente encontrar sítios especiais para diferentes metabolitos (Sattelmacher e Horst, 2007). As culturas de suspensão de células foram então derivadas de fatias esterilizadas destas sementes (Verma e van Huystee, 1970a), que formaram calos em meio de ágar. Em seguida, alguns destes foram transferidos para um meio líquido contendo também componentes bem estabelecidos para a cultura de células vegetais (Linsmayer e Skoog, 1965). Foi então novamente observado por micro-radio-autografia que os aminoácidos marcados com isótopos dentro da célula eram restritos e também a síntese de proteínas em pequenas e grandes massas celulares não era visivelmente diferente (Verma, 1976). Também foi observado que o componente hormonal das células pode desempenhar um papel na expressão final da morfologia celular (Teissere et al, 1975; van Huystee,

1976b). Também foi observado que a capa da raiz de Zea liberta células (Guinel e McCully, 1987). Assim, a libertação de células de calos em meio de suspensão não é invulgar.

2. Estudos sobre a peroxidase

Através do controlo dos componentes do meio gasto destas células, foi observado um elevado nível de peroxidase quando se utilizaram os substratos comuns para esta enzima, nomeadamente H202 e guaiacol (Racusen e Foote, 1965). Alguns aspectos específicos deste ensaio foram posteriormente examinados com uma série de inibidores e a vários pH's (Lambeir et al, 1985). Globalmente, o seu comportamento é muito semelhante ao das peroxidases de outras plantas (Datta e Muthukrishnan, 1999). Além disso, este interesse pela peroxidase surgiu porque, na altura, pouco se sabia sobre a estrutura desta enzima vegetal de importância reputada (Evans e Aldridge, 1965). Atualmente, sabe-se muito mais, nomeadamente no domínio da função do heme para esta enzima (Dunford, 1999). Verificou-se também que as células de amendoim em cultura expostas a 500 kR de raios y diminuíram o crescimento e a síntese proteica imediatamente após a exposição à radiação ionizante, mas recuperaram e até excederam estas medidas em relação ao controlo no espaço de um mês (Verma e van Huystee, 1971a). Os animais não sobrevivem a doses tão elevadas e só sobrevivem com uma dose diária de 5 Rads (Arena, 1971). Além disso, muitas células gigantes de amendoim apareceram após a exposição a esta dose de 500 kR (Verma e van Huystee, 1971b), o que poderia levar à morte das células da planta devido à recuperação aberrante da síntese de ADN após tal exposição à irradiação (Banerjee et al, 1969). As proteínas de armazenamento foram diminuídas em tamanho por dosagens de radiação de 0,5 a 1 Mrad (van Huystee, 1971), o que nos induziu ao exame da degradação da Arachin, a principal proteína de armazenamento do amendoim, por enzimas proteolíticas (van Huystee, 1973). Com a utilização de inibidores específicos de proteases, observou-se também que a Arachin protease do amendoim é provavelmente uma protease do tipo serina (Mainguy et al, 1972).

Após várias formas de agitação e crescimento destas células cultivadas, começando com 10 % do volume total inicial da cultura, em aproximadamente 250 ml de volume de meio de suspensão (Verma e van Huystee, 1971). Foi novamente observado que estas células segregavam, entre várias outras proteínas, peroxidase e catalase, ambas proteínas heme, para o meio de suspensão (Verma e van Huystee 1970). Foi referido que a libertação de proteínas é largamente controlada pelo complexo de Golgi (Hopkins 1997). Foram feitas outras observações por microscopia eletrónica da estrutura celular destas células cultivadas à luz (3.228 lx), bem como da secreção de peroxidase durante um período de 14 dias de cultura (van Huystee e Turcon, 1973). A principal diferença observável na estrutura foi que as células já não continham cloroplastos, o que pode ser devido à adição de 30 g de sacarose ao meio de um litro para induzir um crescimento rápido. Foi demonstrado que a omissão de sacarose no meio de crescimento pode levar a culturas de células vegetais foto-autotróficas, onde as células ainda contêm cloroplastos (Huesemann et al, 1989), mas progridem a uma taxa de crescimento muito mais lenta. Para além disso, as células de amendoim em meio rico em sacarose mostraram que, na separação das células dos calos, ou aglomerados de células, durante a cultura, algumas partes da parede celular foram deixadas no meio, provavelmente arrancadas na separação das células dos aglomerados (van Huystee e Turcon, 1973). Esta poderia ser uma forma de libertação de proteínas pelas células. Mais tarde falaremos sobre este assunto.

Verificou-se assim que estas células constituíam uma boa fonte de peroxidase e que a sua síntese estava estreitamente relacionada com o aumento global da massa celular (Verma e van Huystee, 1970a). A presença da peroxidase superava a da catalase com o aumento da massa celular (Verma e van Huystee, 1970b). O isolamento da peroxidase a partir do meio gasto, após um período de incubação de 14 dias, foi muito mais simples do que a partir do extrato celular, uma vez que foram encontradas poucas proteínas no meio gasto em comparação com um extrato celular. Este facto foi posteriormente confirmado por eletroforese em gel de poliacrilamida 2-D (PAGE), que indicou que apenas se observavam cerca de 27 péptidos no gel das proteínas do meio gasto com 14 dias (van Huystee e Tam, 1988). Isto também sugere que a libertação de peroxidase não se deveu apenas à rutura das paredes celulares! Além disso, a libertação de células em cultura de suspensão de células foi descrita para células de rosa em cultura de suspensão (Wallner e Nevins, 1974). Foi aí observado que a 0-galactosidase era libertada com a separação das células.

O isolamento da peroxidase do meio gasto era normalmente efectuado tratando o meio gasto, após filtração das células em papel Whatman #1, com acetona a 70% e após ressolubilização, na medida do possível, do sedimento em Na-acetato 0,02M pH 5, precipitando depois especificamente a proteína em sulfato de amónio a 80%. Após a remoção dos sais do sedimento ressuspenso por diálise extensiva em água com alguns vestígios de cálcio, a proteína foi isolada por cromatografia de permuta iónica de Carboximetil-Sepharose-Celulose (CM-Sepharose) a pH 5 com um gradiente crescente de acetato de sódio de 0,01 a 0,15 M (Srivastava e van Huystee, 1973). Observou-se também aqui que existiam pelo menos duas isozimas, sendo uma delas aniónica. O reconhecimento espetro-fotométrico da isoenzima peroxidase era normalmente obtido pela coincidência das absorvâncias a 280 e 403 nm para a proteína e o heme e por uma razão elevada entre a última e a primeira, frequentemente designada por RZ (Rheinheits Zahl) (Dunford, 1991), que se apresentava como um meio fiável de identificação da peroxidase. Partiu-se então do princípio de que se tinha obtido uma peroxidase catiónica pura, o que foi posteriormente confirmado por eletroforese da proteína em PAGE (Sesto e van Huystee, 1989). Embora o isolamento de uma proteína a partir de apenas 27 péptidos no meio não constituísse um problema, o reconhecimento poderia ser ainda mais reforçado em relação ao teste PAGE com a utilização de anticorpos criados contra esta enzima, combinados com a utilização de testes de imunodifusão de Ouchterlony (van Huystee, 1976c).

Com esta abordagem, verificou-se também que uma 0-glicosidase estava presente no meio gasto, mas numa concentração muito inferior e, portanto, também como provável produto de secreção. Isto antecipou em muito os estudos posteriores sobre a fração glicânica desta enzima! Agora, com a ajuda de anticorpos e quando foram realizadas centrifugações de densidade da fração da membrana celular para determinar a localização da síntese proteica da peroxidase, esta parecia ocorrer tanto nos ribossomas ligados à membrana como nos ribossomas livres (Stephan e van Huystee, 1980).

Foi também observado a partir da proteína sintetizada in vitro que esta possui um péptido sinal, como mais tarde também foi observado a partir do ADN copiado (Buffard et al, 1990).Depois, ao isolar o ARNm contendo poli (A) do ARN polissomal total, verificou-se que 2% de toda a síntese proteica nas células estava destinada à peroxidase catiónica principal (CPRx), com duas fracções menores para duas outras isoenzimas (Stephan e van Huystee, 1981), confirmando as três isoenzimas que já tinham sido observadas por cromatografia CM-Sepharose do pellet isolado em acetona do meio gasto (Maldonado e van Huystee, 1980). No entanto, utilizando o mapeamento de péptidos, foi também referido que as três isozimas de peroxidase tinham sequências de aminoácidos diferentes (Stephan e van Huystee, 1981) e, por conseguinte, locais diferentes no genoma. Para o nosso trabalho, a questão principal era que o sedimento proteico isolado com anticorpos continha o rácio 403/280 nm mais elevado, indicando um rácio heme/proteína elevado e, por conseguinte, pureza! Isso também já podia ser observado na peroxidase isolada em CM-Sepharose! Embora as bandas básicas de absorção de aminoácidos aromáticos no UV próximo sejam as mais simples, existem muitas outras formas de detetar a estrutura das proteínas em termos de sequências de aminoácidos em solução através de análise espectroscópica (Havel, 1996).

3. Tipo e papel do heme.

Esta CPRx isolada tem uma cor vermelha e uma absorvância a 403 nm, que se supôs ser devida ao heme com ferro, uma vez que este é necessário para a atividade desta peroxidase (Shannon et al, 1966). No entanto, é preciso ter em conta que nem todas as proteínas que contêm ferro são proteínas heme (Bezkorovainy, 1980). Existe uma vasta gama de enzimas que requerem ferro, para além da peroxidase, bem como enzimas que requerem outros metais para além do ferro (Karlin, 1993). Nas culturas de algas, o ferro pode ser um fator de crescimento limitante (Wilhelm e Trick, 1995). Sabe-se também que o ferro nem sempre está prontamente disponível para as plantas (Guerinot e Yi, 1994) e, por conseguinte, tem um efeito na respiração das células vegetais (Pascal e Douce, 1993). No caso da CPRx, as células do amendoim são cultivadas na presença de 27,8 mg de ferro em 1 litro de meio de suspensão (Linsmayer e Skoog, 1965). O ferro também está presente noutros compostos vegetais para além da peroxidase, como o fitocromo (Terry et al., 1993).

Para explorar melhor a parte porfirínica do heme, foram iniciados estudos de biossíntese de porfirina para a peroxidase do amendoim com (^{3} H)-leucina, bem como (^{14} C)-5-ácido aminolevulínico, tendo como resultado a deteção de apenas uma única proteína duplamente marcada em PAGE (van Huystee, 1976c). O ácido 5-amino-levulínico foi utilizado para verificar se esta peroxidase poderia ter um heme formado a partir deste precursor idêntico ao dos animais ou um composto de clorofila importante nas plantas (Robinson, 1980). Nesta altura, foi também observado que nem toda a CPRx estava ligada a uma coluna de Sepharose Concanavalina A (Con-A), o que implica alguma variação de açúcares nesta molécula de peroxidase e/ou também de cadeias de açúcar variáveis! Este estudo de marcação com isótopos duplos (^{3} H com ^{14} C) foi também o início de uma investigação mais pormenorizada da síntese da fração heme, começando por determinar que o local de síntese do heme para a peroxidase é a mitocôndria (Chibbar e van Huystee, 1986). A taxa de atividade das enzimas envolvidas na síntese de heme, como a porfobilinogénio sintase (ácido aminolevulínico desidratase) nas células cultivadas, foi considerada muito semelhante à encontrada nas folhas (Kossatz e van Huystee, 1976). No entanto, a temperatura tem uma grande influência na taxa de síntese de porfirina nas folhas de milho (Hodgins e van Huystee, 1986). Neste último caso, pode dever-se à síntese de clorofila nas folhas, que tem um composto intermediário semelhante (Robinson, 1980). As células de amendoim em cultura não possuem plastídeos para além dos amiloplastos (van Huystee e Turcon, 1973). Foi também observado que a quantidade de peroxidase presente no meio de suspensão celular e nas paredes celulares era aproximadamente igual. (Kossatz e van Huystee, 1976).

Exames posteriores dos precursores do heme, ou seja, o teor de uro-, copro- e protoporfirina destas células, mostraram que pouco destes precursores podia ser detectado no período de cultura de 14 dias (van Huystee 1977), provavelmente devido à elevada taxa de síntese de heme necessária para a peroxidase. A atividade global da peroxidase aumentou com um aumento da massa celular, enquanto a atividade da catalase diminuiu (Verma e van Huystee, 1970), sugerindo que pode haver uma reserva de heme nas fases iniciais do crescimento celular no período de cultura de 14 dias. Com esta elevada síntese de peroxidase em culturas de células de sementes de amendoim, surgiu a questão de saber se tal se poderia dever à poliploidia dos genes das células de amendoim. Não se verificou que fosse esse o caso em mais de 1% da população celular (Inoue e van Huystee, 1984). Foi, portanto, uma surpresa o facto de a síntese da peroxidase nestas células de cultura ser cerca de dez vezes superior à das folhas de amendoim (Chibbar e van Huystee 1983b). Notou-se que a peroxidase era muito maior (8 vezes) no meio de suspensão gasto com 14 dias de idade em comparação com as células das folhas. Isto sugeriu novamente que a peroxidase é facilmente secretada! Esta perda da enzima para o meio extracelular pode explicar também o facto de a síntese ser muito maior nas células em cultura do que na folha. No entanto, também foi observado que a síntese foi um pouco interrompida em culturas com mais de 9 dias (van Huystee e Lobarzewski, 1982). Mas a adição de 10 -5 M de antimicina A ao meio interrompeu imediatamente a síntese da peroxidase. A antimicina A foi utilizada em células animais para o transporte de proteínas (Jamieson e Palade, 1968). Nesse caso, tal como nas células de amendoim, o transporte seria efectuado através dos corpos de Golgi (Evert, 2006). Esta é uma forma natural de deslocação das proteínas nas células (Warren e Rothman, 2011). Mais adiante, veremos mais pormenores.

Com esta ênfase inicial na porção heme, surgiu a questão de saber se esta porção era semelhante à dos animais para a hemoglobina? Verificou-se que as bactérias patogénicas retiram o heme do sangue dos doentes para eliminar o ferro. Esta era a razão pela qual, no passado, os médicos sangravam as pessoas infectadas (Rouault, 2004), nomeadamente para diminuir o teor de ferro do doente. Isto torna o doente menos atrativo para novas infecções microbianas. Para os estudos sobre a peroxidase, foi demonstrado, através de aminoácidos marcados com isótopos, que o precursor básico do heme da peroxidase não era a glicina, como nos animais, mas o ácido glutâmico, como na síntese da clorofila (Chibbar e van Huystee, 1983a). No entanto, o tamanho da molécula de heme é o mesmo, nomeadamente 616 dalton (Chibbar e van Huystee, 1986), tal como foi referido para o protoheme nas células animais (Stecher et al, 1968). Embora a remoção do heme provoque a perda total da atividade da peroxidase, não afecta a imuno-afinidade da molécula da enzima (Chibbar et al., 1984a), o que está obviamente relacionado com a estrutura global da proteína e não com o seu sítio ativo enzimático, que se encontra enterrado na molécula (Schuller et al., 1996).

4. Explorações imunológicas.

Embora não seja necessária uma descrição pormenorizada da imunologia (Janeway et al, 2001) para o presente relatório, a utilização de imuno-adsorventes em ensaios de isolamento não é nova (Scopes, 1985) e pensou-se que produziria dados mais exactos. Os anticorpos foram criados através da injeção da isozima específica em coelhos (Cairns et al., 1980) e os seus anticorpos foram depois utilizados para determinar qualquer relação entre as três isozimas através de eletroforese cruzada microantigénio-anticorpo (Neuhoff, 1973). As estruturas proteicas das três isozimas encontradas por esta técnica não eram visivelmente diferentes umas das outras (Cairns et al., 1980), mas eram diferentes das da peroxidase de rábano. Uma passagem dupla de uma amostra através de uma coluna de imuno-afinidade aumentou ligeiramente o RZ, mas não de forma significativa (Lobarzewski e van Huystee, 1982), sugerindo mais uma vez que o meio gasto não contém demasiadas proteínas que exigiriam uma purificação adicional para evitar reacções cruzadas. A purificação adicional dos anticorpos do sangue colhido foi feita ligando a CPRx purificada com agarose activada por brometo de cianogénio à CM-Sepharose. Em seguida, a amostra de anticorpos de coelho foi passada através desta coluna, permitindo assim um isolamento mais específico de anticorpos CPRx puros. Utilizando estes anticorpos, agora ligados a uma coluna, e passando as proteínas do meio gasto através dessa coluna. O isolamento, neste caso de CPRx, foi conseguido (van Huystee, 1976a). O uso continuado desta abordagem e a ligação dos anticorpos purificados a uma coluna de Sepharose indicaram que a peroxidase de células cultivadas e de folhas de amendoim mostrou novamente uma produção 10 vezes maior pela primeira (Chibbar e van Huystee 1984b). Verificou-se então que os anticorpos criados para a peroxidase catiónica do amendoim (CPRx) reagiam também com as peroxidases de duas linhas celulares de cenoura (Chibbar et al, 1984c). No entanto, quando tal foi feito com uma peroxidase aniónica de Petúnia, esta só reagiu quando o pH ótimo para a enzima do amendoim foi alterado do valor de 5 para um valor neutro (van den Berg et al, 1983). O isolamento preliminar da peroxidase do meio gasto foi efectuado com uma coluna de CM-celulose e produziu 3 isozimas potenciais de peroxidase, todas provenientes da coluna CM-Sepharose a um nível diferente de concentração de sal (Maldonado e van Huystee, 1980). Verificou-se ainda que a CPRx, enquanto peroxidase catiónica principal, era antigenicamente diferente da peroxidase aniónica e da peroxidase catiónica menor do amendoim (van Huystee e Maldonado, 1982). Além disso, a sua concentração muito mais elevada do que a das outras duas isoenzimas no meio gasto fez com que a atenção se centrasse na CPRx. Foi agora possível determinar que o tamanho total da molécula é de cerca de 40 Kda e que cerca de 15 % desse valor são resíduos de açúcar ligados à proteína (van Huystee e Maldonado, 1982). Noutros estudos, foi demonstrado que os anticorpos inibem o crescimento da parede celular (Huber e Nevins, 1981). A razão para tal será apresentada mais adiante.

5. Estrutura tridimensional de proteínas

Uma vez que foi possível obter cristais desta CPRx numa solução de poli (etilenoglicol) a 12% a pH 6,7, procurou-se uma estrutura 3-D (dimensional) (Ban al, 1992)! No entanto, embora já tivéssemos a composição em aminoácidos da proteína (van Huystee e Maldonado, 1982), ainda não era possível fazê-lo sem o conhecimento da sequência do ADN cópia (cDNA) da CPRx. Essa informação foi obtida através da colaboração com colegas franceses em Paris (Buffard et al, 1990). Depois, com esta informação e com a ajuda dos nossos colegas nos EUA, obtivemos uma boa imagem da molécula 3-D da CPRx após difração de raios X (Schuller et al, 1996). Esta investigação foi uma confirmação da estrutura 3-D de peroxidases de outras fontes para além do amendoim (Dunford, 1999). Além disso, a estrutura tridimensional da CPRx contribuiu grandemente para explicar a localização e a função das moléculas de cálcio e as posições dos glicanos na proteína. É claro que o local 3 D do heme também foi mostrado na imagem 3-D da proteína. No caso dos açúcares presentes nesta enzima (Hu et al, 1987), apenas se podiam ver os locais de ligação e não a estrutura dos glicanos. As cadeias de glicanos da CPRx podem oscilar por cima da proteína, como acontece com a glicoforma da RNase B (Dwek, 1996), tornando assim muito difícil a identificação dos glicanos por este meio. No entanto, verificou-se que a bolsa distal na abertura proteica da CPRx está rodeada por resíduos mais hidrofóbicos do que noutras peroxidases em que este aspeto foi explorado (Schuller et al., 1996). Tudo isto permitiu uma primeira compreensão da função dos glicanos desta peroxidase (Hu e van Huystee, 1989a). No entanto, existem outros factores que também desempenham um papel importante!

6. Localização e função do cálcio

Foi observado que 5% de cálcio adicional fornecido, acima do normalmente presente em 440 mg de Ca/litro de meio para o crescimento de células de amendoim, aumentava a atividade da peroxidase no meio (Hu et al, 1987). O facto de tal não ser devido ao transporte foi constatado após incubação com o ionóforo Ca^{2+} A23187, como demonstrado no musgo (Spiess et al, 1984). Além disso, a presença do quelante de cálcio EGTA (ácido etilenoglicol-bis-(b-amino-etil-éter N,N,N,N-tetra-acético) a 3 mM provocou uma perda de atividade enzimática (Xu e van Huystee, 1993), provavelmente devido à alteração da estrutura da peroxidase. Quando a ocorrência de cálcio na célula foi seguida pela molécula de ligação ao cálcio calmodulina, demonstrou-se que o crescimento celular, bem como a CPRx, foram severamente inibidos pela incubação com clorpromazina e trifluoroperazina a 0,05 mM como antigonistas da calmodulina (Xu e van Huystee, 1993). No entanto, de um modo geral, a peroxidase não foi identificada como uma proteína cálcica (Celio et al., 1996). Verificou-se que a isoenzima catiónica e a isoenzima aniónica apresentavam, respetivamente, duas e cinco moles de cálcio/mol de proteína (Hu et al., 1987). Esta situação foi diferente para a amilase da aleurona da cevada, que necessitava apenas de um mol por molécula de proteína (Bush et al., 1989). Foi observado que a presença de cálcio na proteína controla a reatividade do heme (Ator e Ortiz de Montellano, 1987). Outros estudos sobre a CPRx revelaram também que a atividade da peroxidase diminuía quando esta era armazenada em soluções aquosas que não continham cálcio (van Huystee et al, 1992). O cálcio adicionado à solução de armazenamento também proporcionou uma estabilidade muito maior da peroxidase à exposição a temperaturas mais elevadas, ou seja, 45^0 C. Para detetar o papel deste elemento na atividade enzimática, foram efectuados exames mais pormenorizados da localização do cálcio na proteína, utilizando espetroscopia uv/visível e dicroísmo circular para determinar o papel do cálcio em relação à orientação dos aminoácidos que rodeiam o local ativo do heme da CPRx (Maranon, et al, 1993). Estas são agora as formas adequadas de detetar a localização e o papel do cálcio (Permyakov e Kretsinger, 2011). Foram efectuados estudos semelhantes com a peroxidase de rábano utilizando moléculas dadoras aromáticas (Sakurada et al, 1986). Verificou-se também que estes efeitos do cálcio ocorrem igualmente na peroxidase de rábano (Maranon et al., 1994). No entanto, o aspeto mais interessante deste estudo foi efectuado através da espetroscopia[1] H-NMR (ressonância magnética nuclear). É possível explorar estruturas proteicas mais pormenorizadas utilizando a RMN (Glore e Groneborn, 1993). Utilizando esta abordagem (Barber et al., 1995) e a adição lenta de cálcio à proteína empobrecida, determinou-se o local do cálcio em relação ao local ativo da enzima CPRx e mostrou-se como a presença de cálcio na molécula CPRx afectava a colocação dos aminoácidos em torno do local ativo do heme da peroxidase, o que implica que essa colocação do cálcio no interior da proteína afectava o papel do heme na sua cavidade proteica através da posição dos aminoácidos aí presentes. A difração de raios X da peroxidase catiónica (Schuller et al., 1996) confirmou a proximidade da molécula de cálcio do sítio ativo. Este facto permitiu igualmente determinar que o cálcio proximal se encontra a 13,4 A do ferro heme, enquanto o distal se encontra a 16,0 A e que a distância total entre eles é de 26,6 A

O crescimento dos agregados de células de amendoim foi também influenciado por proteínas de ligação ao cálcio, como a calmodulina (Xu e van Huystee, 1993a). Verificou-se que a calmodulina faz parte do aparelho mitótico em todas as células eucarióticas (Means et al, 1982). O mercúrio, o chumbo, o cobalto e o cádmio, em concentrações superiores a 1 mM, interrompem o crescimento celular (Xu e van Huystee, 1993 a). Mas quando os seus níveis não ultrapassavam as concentrações de 10 pM e se mantinha simultaneamente uma presença de cálcio de 3 mM, não parecia haver qualquer influência. Foi efectuado um estudo mais pormenorizado com o mercúrio para determinar o seu papel no cálcio (Bagirova et al, 2006). Foram efectuadas outras explorações sobre a forma como estes elementos inorgânicos influenciam o papel do cálcio e/ou afectam a secreção de CPRx (Xu e van Huystee, 1993b). Foi também observado que apenas o cádmio podia substituir o cálcio, provavelmente devido ao seu tamanho iónico comum e à mesma valência dos elementos (Chao et al, 1984). Em geral, os péptidos de ligação a metais nas plantas são designados por fitoquelatinas (Abrahamson et al, 1992). Foi referido que a perda de cádmio nas folhas pode ser obtida através de uma proteína de fusão metalotioneína/p-glucuronidase em plantas de tabaco transgénicas (Elmayan e Tepfer, 1994). O cálcio foi descrito como um elemento sinalizador nas plantas (Pei e Gilroy, 2008). Mas tal não é o caso numa proteína isolada como a peroxidase.

Depois, há também a hipótese de o cálcio desempenhar um papel na ligação dos glicanos (Yuriev e Ramsland 2013a). Isso implicaria um estudo minucioso da síntese de CPRx, que ainda não foi efectuado.

7. Comparação isoenzimática em ação

Os estudos imunológicos iniciais tinham utilizado anticorpos policlonais, para maior precisão no isolamento da CPRx do meio gasto. Chegou a altura de obter anticorpos monoclonais contra a CPRx a partir de células de baço de rato em cultura, após injeção de uma injeção de reforço (Hu et al, 1987). O princípio da produção destes anticorpos, bem como os mecanismos deste tipo de investigação, estão bem descritos por Galfre e Milstein (1981). No estudo com células de amendoim, foi demonstrado que os anticorpos monoclonais criados contra a CPRx apenas reagiam fracamente com a peroxidase aniónica de amendoim, que emerge primeiro da coluna CM-Sephadex sem qualquer eluição de sal (Maldonado e van Huystee, 1980). A concentração na reação dos glicanos com estes anticorpos monoclonais sugeriu que estas cadeias de glicanos eram muito semelhantes para as isozimas (Hu e van Huystee, 1989b). Outro conjunto de anticorpos monoclonais foi criado contra esta peroxidase aniónica (APRx) de amendoim (Xu et al, 990). A interação destes anticorpos monoclonais aniónicos com outras proteínas, incluindo a CPRx, foi negligenciável, ao passo que o nível de deteção da APRx pode ser tão baixo como 0,002 x 10^{-12} mol APRx. Os ensaios de deteção foram efectuados por ensaio imuno-sorvente ligado a enzimas em fase sólida (ELISA), bem como por ELISA indireto e não competitivo (Xu e van Huystee, 1991). Uma vez que a deteção de uma proteína específica se baseia em ligações entre a proteína e o anticorpo dirigido à proteína, são possíveis múltiplas ligações com anticorpos policlonais, mas apenas uma específica para o anticorpo monoclonal (Goding, 1986). A força da interação parece também basear-se no local da ligação na molécula. Os ensaios efectuados com CPRx e APRx parcialmente digeridas sugerem que existem algumas semelhanças entre estas duas isozimas (Hu e van Huystee, 1989c). Além disso, as ligações do anticorpo à proteína parecem ser mais fortes do que às cadeias de glicano (McManus et al., 1988). Tal pode dever-se, mais uma vez, ao estado da cadeia de glicano, ver mais adiante! A utilização de anticorpos policlonais marcados com ouro permitiu também, por meios microscópicos, determinar a localização na célula da CPRx em relação à APRx (Hu et al 1989a). Enquanto a primeira foi detectada principalmente na parede celular, a segunda foi encontrada principalmente no citoplasma. Este facto pode também sugerir a razão pela qual se encontra uma grande quantidade de CPRx no meio gasto e pouca de APRx. Como já foi referido, as paredes celulares foram por vezes danificadas pela remoção de células dos calos multicelulares (van Huystee e Turcon, 1973), o que poderia permitir que alguma isoenzima aniónica se derramasse no meio. Poderá ser esta a causa da libertação? No entanto, também foi observado que cerca de 8 vezes mais peroxidase foi detectada nos espaços intercelulares das folhas do que nas próprias folhas (Chibbar e van Huystee, 1983b). Mas a presença no espaço intercelular foi de cerca de 5% da peroxidase detectada no meio gasto com 14 dias. Poderá isso dever-se ao facto de o espaço no meio ser muito maior do que o espaço entre as células da folha? Foi recentemente apresentada uma descrição pormenorizada dos polissacáridos da parede celular e das suas ligações cruzadas (Fry, 2011). Também está disponível uma boa reflexão sobre os componentes celulares (Evert, 2006)

8. Presença de glicanos e sua localização

Nas últimas décadas, tem-se registado um interesse crescente pelas glicoproteínas (Stephan, 2004). Isto vai até ao seu papel em estudos relacionados com o cancro (Yuriev e Ramsland, 2013b). Assim, estávamos curiosos para determinar o que isso poderia ser para a CPRx. Além disso, para a capa de raiz intacta, foi relatada a secreção de glicanos (Paull et al, 1975). Foi observada uma perda de secreção de CPRx quando as células foram incubadas com tunicamicina, um inibidor da biossíntese de glicoproteínas ligadas a N (Elbein, 1987, - 1988). Isto indica que a CPRx pode ser também uma glicoproteína ligada à N (Ravi et al, 1986) e que a sua libertação depende da glicosilação completa da proteína. Assim, a libertação da CPRx não ocorre apenas pela rutura da parede celular! Normalmente, as proteínas vegetais são mantidas na célula vegetal. Mas elas são movidas nas células pelos corpos de Golgi (Evert 2006). Foi apresentada uma análise pormenorizada da glicosilação das proteínas nos Golgi e foi demonstrado o seu potencial para estar ligada a algumas doenças humanas (Freeze e Ng, 2011). São movimentadas na célula pelas membranas plasmáticas (Wayne, 2009). Foram descritos estudos adicionais de inibidores para glicoproteínas (Elbein, 1988). Para a CPRx, também se verificou que apenas a quantidade da isoenzima média era afetada pela adição de periodato de sódio e não a celular (Hu e van Huystee, 1989a). O efeito da perda de cadeias de glicanos da CPRx tornou-a muito mais sensível à digestão pela tripsina (Hu e van Huystee, 1989a). Já tinha sido observada alguma indicação da heterogeneidade da natureza da glicoproteína CPRx através da ligação parcial (Con-A) da CPRx (van Huystee, 1976). A interação desta lectina com o metil a-manósido da cadeia de glicano foi bem examinada (Fukuda e Hindsgaul, 1994). A análise com reagente de fenol da CPRx isolada mostrou que cerca de 15% do peso molecular da CPRx de 40 kDa pode ser devido a açúcares nas cadeias de glicanos da CPRx (van Huystee e Maldonado, 1982). Utilizando os anticorpos monoclonais que tinham sido criados para a CPRx em células do baço de rato (Hu et al, 1987), determinou-se que os anticorpos de ligação aos glicanos interagiam entre a CPRx e a APRx (Hu e van Huystee, 1989b), sugerindo alguma semelhança nos açúcares. No entanto, sabe-se que os proteoglicanos podem ter uma grande variedade de estruturas (Bhavanandan e Davidson, 1992). Por conseguinte, foi efectuada uma análise mais pormenorizada quando foram criados oito anticorpos monoclonais, mas apenas quatro destes oito anticorpos monoclonais apresentaram uma reação diferente à ligação entre si, mas eram específicos do CPRx (Hu et al, 1987). Foi determinado que apenas um destes quatro anticorpos monoclonais diferentes reconhecia a proteína como tal e, portanto, os outros estavam provavelmente a ligar-se às cadeias de glicano ligadas à proteína (van Huystee, 1987). Também aqui se poderia sugerir que os glicanos estavam a envolver a proteína e, por conseguinte, eram de tamanho substancial! A especificidade do local de ligação dos glicanos em relação à proteína foi igualmente confirmada por uma desglicosilação química da proteína através do tratamento com periodato e ácido tri-fluorometano sulfónico, tal como se faz para outras glicoproteínas (Edge et al., 1981; Sojar e Bahl, 1987). A utilização destes procedimentos para a CPRx causou uma perda da atividade enzimática (Hu et al, 1988). Nesta fase, não era claro se era a perda de um único glicano de grandes dimensões que causava esta perda ou se existiam mais cadeias! No entanto, através da difração de cristais, verificou-se que existem provavelmente 5 cadeias de glicanos diferentes (Schuller et al, 1996). Além disso, nem sempre a perda de glicanos provoca uma alteração da atividade enzimática em todas as glicoproteínas (Yasuda et al, 1971). Em caso de perda, o glicano deve estar próximo do sítio ativo, o que foi confirmado para a CPRx na análise da estrutura tridimensional (Schuller, 1996), como acima referido. Além disso, o tratamento da CPRx com a enzima PNGase F, que remove todos os açúcares, causou também uma perda de atividade enzimática (van Huystee e Wan, 1994), confirmando assim a ideia de que o glicano desempenha um papel na atividade enzimática no caso da CPRx. Além disso, este facto forneceu provas adicionais de que se trata de glicanos ligados a N, que têm influência na atividade enzimática. Esta hipótese pode ser deduzida do facto de as cadeias de glicanos se encontrarem geralmente posicionadas na superfície da proteína e poderem, assim, oscilar em torno da proteína, tal como ilustrado no caso da RNase B (Dwek 1996). Isto pode proporcionar proteção contra o ataque imediato das proteases? Esta disposição livre e flutuante é também uma das principais razões pelas quais a difração de raios X da CPRx apenas mostrou um pouco do glicano nos locais de ligação com a proteína, mas nenhum pormenor da localização dos açúcares em cada cadeia de glicano mais afastada do núcleo (Schuller et al, 1996). Na altura, apenas estavam em curso estudos sobre a identificação dos açúcares da peroxidase do amendoim e as suas ligações entre si no componente glicano híbrido da peroxidase (Dunforth, 2010). Foram também criados alguns anticorpos monoclonais contra a APRx. Nesse caso, observou-se novamente que o reconhecimento imunológico ocorreu principalmente nas áreas onde as cadeias de glicano estavam ligadas (Xu e van Huystee, 1991). No caso do APRx, observou-se uma maior afinidade semelhante dos anticorpos monoclonais para os péptidos de glicano em relação ao péptido (Hu e van Huystee, 1989c). Este facto está igualmente de acordo com os dados obtidos, quando foram examinadas outras enzimas glicoproteicas (McManus et al., 1988). Alguns glicopeptídeos também protegem a planta contra danos causados pelo frio (Zhang et al , 2007). Este é um tópico que remonta ainda mais atrás na minha investigação (Li et al 1965).

9. Tipo de glicanos e açúcares presentes

Embora pouco se saiba sobre a estrutura das cadeias de glicanos da CPRx, exceto no que se refere à ocorrência putativa de 5 açúcares diferentes (van Huystee et al., 1992), foi referido que os tecidos de plantas de amendoim possuem lectinas ricas em manose e galactose (Law et al., 1990) e, a partir de uma análise estrutural preliminar baseada num exemplo de quitobiose, verificou-se que, com a utilização do fracionamento em coluna de Con-A, podiam ser detectados dois tipos diferentes de cadeias de glicanos da CPRx peroxidase (O'Donnell et al., 1992). A ligação específica da manose à Con-A (Fukuda e Hindsgaul 1994) ocorreu em apenas 10% da molécula presente no meio! Também foi referido que, em geral, para as glicoproteínas, é possível ter tanto um glicano do tipo com elevado teor de manose como um glicano do tipo complexo, para além do CPRx (Sturm 1991). A natureza híbrida poderia explicar o elevado conteúdo variável mesmo da CPRx de 37 kDa (van Huystee et al 1992). A fração maior que não se liga à Con-A tinha também um tamanho muito variável de 37 kDa e esta perda de açúcares totais de 3 kDa não causou uma perda notável de atividade enzimática nem de cálcio (O Donnell et al 1992). Os três anticorpos monoclonais diferentes que se ligam aos glicanos da CPRx sugerem também uma variação nas cadeias. Mas quais seriam elas? Com estas observações, chegou a altura de começar a examinar mais de perto o número de cadeias de glicanos, bem como a sua composição! A colocação de CPRx numa membrana de nitrocelulose e a coloração com o reagente ácido periódico de Schiff ajudaram muito a identificar as fracções que contêm glicanos (Wan e van Huystee, 1993a). Além disso, com a ajuda da composição de bases do ADNc da CPRx (Buffard et al., 1990) e, por conseguinte, da sequência de aminoácidos da proteína, a proteína CPRx pôde ser clivada em secções por incubação com TPCK (N-tosil-L-fenil-alanina-clorometil-cetona)-tripsina. Os péptidos foram separados numa coluna Biogel P6 e a análise das sequências de aminoácidos de cada um dos péptidos glicólicos com a sua ocorrência na proteína determinada pela sua sequência no cDNA (Wan e van Huystee 1993b) foi muito útil. Embora existam 5 sítios potenciais de ligação à asparagina (Asn) na proteína do cADN da CPRx, dois deles não estão carregados com cadeias de glicanos devido à ocorrência de prolina na proximidade da Asn na sequência de consenso C-terminal a 209 e 275 aminoácidos (Buffard et al, 1990). Também se observou que, quando a prolina ocorre a 3 espaços de distância dos potenciais sítios de ligação da Asn, essa ligação não ocorre (Bause, 1983). Assim, existem apenas 3 sítios de ligação de Asn para cadeias de açúcar na CPRx (Schuller et al, 1996). Depois, com a utilização de anticorpos para sítios específicos nas três cadeias de glicano isoladas nos péptidos, foram efectuados ensaios com uma variedade de açúcares para determinar qual o açúcar que inibiria a interação entre o glicopeptídeo e o anticorpo específico. Isto é relativamente simples para uma proteína com tri-sacarídeos (Bundle et al 1994). Mas o facto de sabermos que cerca de 8 kDaltons se distribuem por 3 cadeias já nos alertava para o facto de as cadeias serem grandes e complexas. Foi então efectuado um ensaio em que, após o isolamento dos três glicopeptídeos, cada um deles foi utilizado para criar anticorpos. Em seguida, ao ligar estes glicopeptídeos ao antissoro com uma coluna de afinidade ECH 4B Sepharose conjugada com glicano, foram eluídos por diferentes açúcares. Estes ensaios requerem uma abordagem cuidadosa (Dean et al, 1987). O resultado foi que se verificou que o conjunto de açúcares do núcleo existia a partir de [Xilose] (manose)3 [Fucose] (N-acetilglucosamina)2 (Wan e van Huystee, 1994). Também se verificou que estes açúcares não inibiam a ligação do anticorpo à mesma extensão. Verificou-se que a fucose tinha uma inibição muito maior do que a N-acetilglucosamina. Isto pode ser uma indicação de que as estruturas dos glicanos são uma forma híbrida e, portanto, alguns açúcares estão menos expostos do que outros! No entanto, até ao momento, não existe qualquer ideia sobre a estrutura global de cada cadeia de glicano, exceto que devem ser bastante grandes! Em muitos casos, as cadeias de glicanos são de cadeia simples, com a possibilidade de uma divisão fora do seu local de ligação peptídica (Tomiya et al, 1988; Nakagawa et al, 1992). Por conseguinte, foram utilizadas técnicas como a espetroscopia NMR (Vliegenthart et al, 1983; Agrawal, 1992) e a espetroscopia bidimensional para ligações 1,2-glicosídicas (Cipollo et al, 2000). Estudos posteriores com cromatografia líquida de alta eficiência (HPLC) de fase reversa no N-144 , glicano médio da ligação Con-a, revelaram o tipo de açúcares, bem como as suas ligações a e b nesta cadeia de 12 açúcares, que também incluía galactose, mas a manose era a mais elevada em quantidade (Sun et al., 1997). Este tipo de glicano era mais complexo do que o libertado pela suspensão celular de cenoura (Sturm, 1991). Este facto permitiu revelar que o glicano da CPRx era uma cadeia de açúcar com várias ramificações e em dois locais com fucose exposta! A ocorrência de fucose e xilose em locais expostos é igualmente observada no glicano da glucanase da cevada (Harthill e Thompson, 1995), bem como na cenoura (Sturm, 1991). Nesta fase da investigação, foi sugerido que existem 12 açúcares na cadeia ligada N-144. Isto não é impossível, uma vez que as estruturas dos glicanos da peroxidase de soja também tinham sido apresentadas como uma estrutura semelhante, com a manose como último açúcar (Montgomery, 1997). A ocorrência de galactose na extremidade de um ramo do CPRx não foi inesperada, uma vez que é esse açúcar que poderia impedir a ligação do CPRx à Con A antes da clivagem do açúcar com a 0-galactosidase. No entanto, desta vez só foi observada uma galactose, que não respondeu à perda substancial de MW de 3 kDa (O Donnell et al, 1992)! A prevenção adicional da ligação à Con-A pode dever-se à estrutura complexa do glicano da CPRx. Enquanto em muitos casos as cadeias de glicano podem ser apenas de cadeia dupla (Girradet et al, 1995), o mesmo não acontece com a CPRx. Na planta do amendoim, a galactose foi encontrada como uma lectina de ligação à galactose no seu tecido e a sua ocorrência foi também relacionada com a especificidade do tecido (Law et al, 1991). No entanto, surpreendentemente, não está relacionada com o local de infeção de Rhizobium, mas sim com o local de armazenamento (Law e van Tonder, 1992). Verificou-se que a galactose se encontra presente em grandes quantidades noutras glicoproteínas da parede celular das plantas (Koppitz et al, 1994). Foi, por isso, uma certa surpresa o facto de haver tão pouca galactose no glicano de 12 açúcares da CPRx (Shaw et al, 2000). O tratamento da cadeia maior (40 kDa) com uma bgalactosidase co-secretada em sincronia e isolada do meio gasto permitiu a subsequente ligação limitada da CPRx tratada à coluna Con-A (Wan et al, 1994). No entanto, nesta fase de clivagem dos glicanos, verificou-se que as CPRx eram apenas proteínas de 37 kDa (O'Donnell et al., 1992)! Isto poderia significar que a grande quantidade de galactose estava localizada na extremidade das cadeias de glicano! Mas isto era até agora uma especulação. Por isso, eram necessárias mais investigações. Foi sugerido que a utilização da espetroscopia de ressonância magnética nuclear seria uma boa solução (Serianni, 1992). No entanto, com a utilização de colunas de afinidade de lectina, foi possível mostrar a perda de açúcares específicos (Alsubaie e van Huystee, 2015). Este facto também confirmou o papel da fucose e da manose na estrutura desta molécula. No entanto, subsiste a questão de saber se os açúcares, tal como acontece com o cálcio (Barber et al, 1995), desempenham um papel na estabilidade e na atividade específica da enzima (van Huystee et al, 2004). Trata-se de uma questão lógica quando se considera que a pequena molécula de cálcio provoca uma supressão importante da enzima (Barber et al, 1995). Tal deve-se provavelmente a confirmações alteradas da proteína, como no caso acima referido. Assim, uma massa de 8 kDa de glicanos da CPRx pode ter um efeito maior, exceto se estiver localizada no exterior da molécula. Estas questões também foram levantadas relativamente aos proteoglicanos das células animais (Roughley e Mort, 2000). Em medicina, coloca-se também a questão de saber como algumas glicoproteínas desempenham um papel importante em doenças como o cancro e outras (Varki, 1993; Montreuil et al, 1996; Taylor e Drickamer, 2003). A má dobragem de proteínas também foi sugerida para doenças cerebrais (Ingram, 2012) e uma proteína de fusão de plantas foi sugerida como uma terapia oral para a diabetes tipo 2 (Choi et al 2013). Para a CPRx, decidiu-se começar a examinar com a perda de uma cadeia inteira de glicano, tal como pode ser obtido por mutagénese dirigida ao local das asparaginas na proteína nos locais N-60, 144 e 185 como locais de ligação (Pathirana et al, 2005). Com esta abordagem, colocou-se também a questão de saber o que se verificaria em termos de atividade enzimática e de estabilidade quando se perdesse toda uma cadeia de glicanos. Com a ajuda do cDNA da CPRx e da Escherichia coli, foi possível exprimir no procariota uma proteína modificada com uma glutamina inserida em vez de asparagina num local de ligação do glicano e purificá-la por afinidade ao níquel (Lige et al, 1998a). A partir deste sistema procariótico, foi rapidamente transferida para o tabaco, de onde pôde ser isolada por marcação com histidina (Lige et al., 1998b). Isto levou à determinação do processo de glicosilação da proteína no tabaco transgénico. Foi determinado que os locais de ligação dos três glicanos no tabaco transgénico eram idênticos aos da CPRx nas células de amendoim, bem como os açúcares que ocorriam nestas cadeias (Lige et al 2000). A eliminação de qualquer uma das três cadeias de glicanos foi acompanhada de uma perda mínima da atividade da peroxidase (Lige et al, 2001). A perda do glicano em N-185 teve um efeito maior do que as outras duas cadeias, com uma perda de termoestabilidade. Este facto confirma a constatação feita para a bromelaína de que nem todos os glicanos desempenham um papel semelhante na atividade enzimática (Yasuda et al., 1971). É também este sítio de glicano que parece ter a cadeia de glicano mais estável (Zhang et al, 2004). De um modo geral, a remoção das cadeias de glicanos através do tratamento da CPRx com 0,12 - 6 unidades de PNGase F por mg de CPRx, como sugerido (Tarentino et al, 1985), conduziu a uma perda de atividade enzimática da CPRx em 1,5 h (van Huystee e Wan, 1994).

10. Papel dos isozimas

Até à data, esta tem sido uma história da CPRx. É a principal isoenzima no meio gasto, como revelado por uma coluna CM-Sepharose e a sua atividade específica associada (Maldonado e van Huystee, 1980). No entanto, não foi possível detetar qualquer relação imunológica entre esta isoenzima catiónica e a isoenzima aniónica do amendoim, nem com a peroxidase de rábano vulgarmente utilizada (van Huystee e Maldonado, 1982). No entanto, foram detectadas semelhanças entre a peroxidase dos diferentes órgãos da soja e a peroxidase do amendoim (Schmitz et al., 1997). Com a ajuda de anticorpos monoclonais, foi possível determinar a presença tanto da isozima CPRx como da isozima aniónica nos diferentes órgãos da planta do amendoim. A maior quantidade da isoenzima aniónica foi encontrada nos calos das fatias de amendoim (Xu et al, 1990). Poderá isso dever-se ao facto de o espaço extracelular ser limitado? Este anticorpo monoclonal, que reconhece as cadeias de glicanos, também apresenta semelhanças com as de outras glicoproteínas, como a a-amilase e a 0-glucosidase, bem como a peroxidase de rábano, provavelmente devido à semelhança dos seus componentes de açúcar (Xu e van Huystee, 1991). Além disso, o limite de deteção com um anticorpo criado contra a isoenzima aniónica foi, para esta isoenzima, tão baixo como entre 0,004 - 24x 10^{-12} mol (Xu et al, 1990). Ambas as isoenzimas da peroxidase do amendoim foram isoladas em estado puro, tal como observado por 2D PAGE (Hu et al, 1990). A principal razão para a diferença da quantidade de isozimas aniónicas e catiónicas no meio foi observada através da utilização de anticorpos marcados com ouro. Enquanto a isozima aniónica foi observada principalmente no citoplasma, a isozima catiónica só foi observada facilmente nas paredes das células (Hu et al, 1989). Também seria comparativamente simples ver como pode então migrar para o espaço apoplástico (van Huystee, 1991) e pode acumular-se durante um período de cultura de 14 dias no meio. Parte disto já tinha sido observado pelo facto de se encontrarem proteínas recém-sintetizadas nos espaços intracelulares (van Huystee e Verma, 1969). Para encerrar esta história, tentaremos considerar qual poderá ser esse papel. Quando o crescimento e a diferenciação nas plantas são controlados por uma grande variedade de factores (Grbic, 2002), poder-se-ia perguntar se a peroxidase desempenha algum papel nestes factores? Foi demonstrado, com segmentos de 1 cm de hipocótilos de plântulas de amendoim de 3 dias, que 5 mM de meta-fluoro-tirosina (MFT) no meio Linsmayer e Skoog inibiu o crescimento destes segmentos, bem como o aumento do teor de peroxidase (Zheng e van Huystee, 1992a). Esta experiência já chamava a atenção para a interação da peroxidase com a tirosina! Além disso, em trabalhos anteriores, tinha sido observado que a fenol oxidase e a indol acético oxidase também se encontravam no meio gasto (Srivastave e van Huystee, 1973). Além disso, enquanto a CPRx foi influenciada por este inibidor MFT, não teve qualquer efeito sobre a isozima aniónica. Observou-se que ambas as isozimas oxidavam a tirosina na mesma medida, mas que existia uma diferença de ação de pH de 4 para a aniónica e de 7 para a CPRx (Zheng e van Huystee, 1991a). Os anticorpos criados contra a isozima aniónica impediram a ação dessa isozima, mas não impediram a oxidação da tirosina por extractos da parede celular, enquanto os anticorpos contra a CPRx impediram esta ação. Esta função isoenzimática nem sempre foi reconhecida. Foram obtidas provas adicionais desta compartimentação da função por difusão em gel de Ouchterlony, Western blot e ELISA competitivo (Zheng e van Huystee, 1991b). O papel da isoenzima aniónica parece ser um mecanismo de defesa contra o stress peroxidativo na planta do amendoim, uma vez que tem uma maior capacidade de oxidar o ácido ascórbico do que a isoenzima catiónica (Zheng e van Huystee, 1992b). Além disso, também se observou que a isoenzima aniónica era mais reactiva à adição de ácido indol acético, sugerindo um papel para esta isoenzima como agente para reduzir os efeitos do H2O2! Isto foi ainda confirmado utilizando plantas inteiras e determinando o conteúdo de ARN poli(A)+ após tratamento das folhas feridas ou tratamento com ethephon (Breda et al, 1993). No entanto, considerou-se que a oxidação anteriormente mencionada da tirosina, mas também do ácido ferúlico, desempenhava um papel na rigidificação das células radiculares (van Huystee e Zheng, 1993), tal como tinha sido proposto para outras plantas (Montgomery, 1970). No entanto, essa função específica das duas isozimas não foi mencionada (Albersheim et al, 2011). Tais substratos também foram observados para as peroxidases da soja (Schmitz et al, 1997). Uma técnica de coloração com peroxidase de secções do revestimento de sementes de soja indicou novamente uma função especial para espécies específicas de isozimas (Gijzen et al, 1993). Estes dois ácidos aromáticos, a tirosina e o ácido ferúlico, são componentes bem conhecidos da parede celular (Fry, 1988; Lewis e Sarkanen 1998). Além disso, se estes ácidos estivessem ligados a pentosanos, como talvez a xilose e a fucose na cadeia de glicanos da peroxidase catiónica, os resultados eram uma polimerização rápida e dependiam do tempo, do pH e da concentração da enzima (Yamamoto et al, 1989). A extensina foi purificada a partir de paredes celulares de células de tomate em cultura em suspensão e revelou-se uma glicoproteína rica em hidroxiprolina que contém um grande número de ligações glicosídicas de 0-L-arabinose hidroxiprolina (Brownleader e Dey, 1993). Além disso, a peroxidase, e não a catalase, é a enzima envolvida nesta polimerização. Além disso, foram detectadas ligações entre a extensina e a isotirosina em culturas de suspensão de células de tomate e sicómoro (Epstein e Lamport, 1984). Foi apresentada uma revisão exaustiva deste complexo, bem como a sua relação com as glicoproteínas da parede celular das plantas (Wilson e Fry, 1986). Quando a extensina é incubada com estes compostos fenólicos, dá-se uma condensação semelhante, como se pode ver pelas estruturas de poli-tirosina formadas a partir da molécula elementar (van Huystee e Zheng, 1995a), o que leva a sugerir que a isoenzima catiónica está envolvida na formação da parede celular durante o crescimento em determinados locais. Esta constatação não foi assim tão surpreendente, uma vez que a extensão da parede celular e a atividade da peroxidase já tinham sido registadas por impressão de tecidos (Varner et al, 1989). A oxidação da extensina foi observada por microscopia eletrónica, bem como o progresso da peroxidase do amendoim através da célula através do aparelho de Golgi (van Huystee e Zheng, 1995). Este processo de deslocação através da célula implicava já a forma como estas glicoproteínas adquiriam as suas cadeias de glicanos (Roth 1995). O papel especial da tirosina pode ser detectado por cromatografia em camada fina com tirosina marcada com isótopos (van Huystee e Zheng, 1995). Os ensaios do conteúdo da peroxidase aniónica e da CPRx após o tratamento dos hipocótilos do tratamento MFT acima mencionado mostraram um aumento da CPRx mas não da peroxidase aniónica do amendoim (van Huystee e Zheng, 1995b). Sugerindo que a exclusão da primeira no metabolismo preservou a peroxidase mais longa!

Por último, no início de todos estes estudos, verificou-se que existia uma relação estreita entre a peroxidase e a polifenol oxidase, bem como a ácido indol acético oxidase nas células em cultura (Srivastava e van Huystee, 1973). Além disso, verificou-se que alguns ácidos fenólicos simples eram substratos ideais para a peroxidase (Srivastava e van Huystee, 1977). Foi demonstrado que o nível de peroxidase tem um efeito sobre o crescimento dos segmentos da planta (Zheng e van Huystee, 1992a). Além disso, foi demonstrado que a acumulação de efeitos metabólicos específicos da peroxidase de hidrogénio também é controlada pelo ácido ascórbico e pelo IAA (Zheng e van Huystee, 1992b).

Como nota final, também se tentou obter peroxidase de feijão e painço nas mesmas quantidades que para as células de amendoim em cultura, mas este último foi significativamente mais produtivo do que os dois primeiros (van Huystee et al, 1994). É sabido que o desenvolvimento das células vegetais depende de muitos factores (van Huystee, 1991), que são agora aspectos de estudos em Biotecnologia (Ashihara et al, 2011 Vinca.et al 2012).

AGRADECIMENTOS

Os autores agradecem o apoio financeiro do NESRC durante estes estudos. R. B. van Huystee agradece a todos os seus antigos alunos e pós-doutorandos pela sua ajuda nesta investigação. Sem o seu trabalho, este manuscrito não teria sido possível. Também gostaria de recordar a sua esposa pela sua ajuda na leitura das publicações. O apoio financeiro para o estudo de Maha Alsubaie foi fornecido pela Embaixada da Arábia Saudita.

Referências:

Abrahams on, S.L., Speiser, D.M., e Ow, D.W.. Um ensaio de eletroforese em gel para fitoquelatinas. Anal. Biochem. **1992,** 200: 239 - 243

Agrawal,P.K.. NMR spectroscopy in the structural elucidation of oligosaccharides and glycosides. Phytochem. **1992,** 31: 3307 - 3330.

Albersheim,P., Darvill,A., Roberts,K., Sederoff, R. e Staehelin, A. 2011. Paredes celulares de plantas. Garland Science.

Alsubaie, M. e van Huystee R. 2015. Afinidade dos principais glicanos catiónicos da peroxidase de amendoim com as lectinas. Proteómica 2015 2: 01.

Arena, V. Radiação ionizante e vida. An introduction to radiation biology and biological radiotracer methods. Mosby Co, St Louis. **1971**, p.472.

Ashihara, H, Crozier, C. e Komamine, A. Plant metabolism and Biotechology. Wiley Press 2011.

Ator, M.A. and Ortiz de Montellano, P.R. Protein control of prosthetic heme reactivity. Reação de substratos com o bordo heme da peroxidase de rabanete. Jour. Biol. Chem. **1987**, 262: 1542 - 1551.

Bagirova,N.A., Muginova,S.V., Shehovtsova,T.N., Gazaryan, I.G. e van Huystee, R.B.. Effect of Mercury (II) traces on the catalytic activity of peanut and horseradish peroxidases. Analytical Letters. **2006**, 39: 521 - 541.

Ban, N., van Huystee, R.B. ,Greenwood, J.D.A., Larson,S. Esnault, R. McPherson,A.. Preliminary crystallographic study of peanut peroxidase. Ata Cryst. **1992**, B48: 109 - 111.

Banerjee, S.N., Horseley, R.J. and Pujara, C.M. Giant cell formation in the progeny from X-irradiated and calcemide treated Oedogonium cardiacum cells. Phyton **1975**, 26: 213- 226.

Barber,K.R. Rodriguez Maranon, M.J., Shaw,G.S., e van Huystee, R.B. 1995. Influência estrutural do cálcio na cavidade heme da peroxidase catiónica do amendoim, determinada por espetroscopia 1H-NMR. Eur. J. Biochem. **1995**, 232:825- 833.

Bause, E.. Requisitos estruturais da N-glicosilação de proteínas. Estudos com péptidos de prolina como sondas de confirmação. Biochem. J **1983**,. 209: 331- 339,

Bezkorovainy, A. **1980**. Biochemistry of nonheme iron. Plenum Press.

Bhavanandan, V.P. e Davidson, E. A.. Proteoglicanos: estrutura, síntese, função. In: Glycoconjugates: composition, structure and function. Ed. Allen H.J. e Kisailus, E.C. Dekker Publ. **1992**, 167- 202.

Breda, C. Buffard, D. van Huystee, R.B. e Esnault, R.. Differential expression of two peroxidase CDNA clones in peanut plants and cells in suspension culture in response to stress. Plant Cell Rep. **1993**, 12: 268 - 272.

Brownleader,M.D. e Dey, P.M.. Purificação da extensão das paredes celulares de células de tomate em cultura em suspensão. Planta **1993**, 191: 457 - 469.

Buffard, D., Breda, C., van Huystee, R.B., Asemoto, O., Pierre, M. Dang Ha, D.B. e Esnault, R.. Molecular cloning of complementary DNAs encoding two cationic peroxidases from cultivated peanut cells (Clonagem molecular de DNAs complementares que codificam duas peroxidases catiónicas de células de amendoim cultivadas). Proc. Natl. Acad. Sci. USA. **1990**,. 87: 8874 - 8878

Bundle, D.R., Baumann, H., Brisson, J.R., Gagne, S.M., Zdanov, A. e Cygler, M. Solution structure of a trisaccharide-antibody complex: comparison of NMR measurements with the crystal structure. Biochemistry **1994**, 33: 5183 - 5192.
Bush, D.S., Sticher, L. van Huystee R.B. , Wagner, D. e Jones, R.L. The calcium

requirement for stability and enzymatic activity of two isoforms of barley aleurone a-amylase. J. Biol. Chem. **1989**, 264:19392- 19398.

Caesar, J.P., Sheely, D.M. e Reinhold, V.N.. Deteção de oligossacáridos de femtomole utilizando um derivado de extremidade redutora e espetroscopia de massa de ionização química. Anal. Biochem. **1990**, 191: 247 - 252.

Cairns, E., van Huystee, R. B., e Cairns, W. Peanut and horseradish peroxidase isoenzymes. Relação imunológica intra-espécie e interespécie. Physiol. Plant. **1980**, 49: 78 - 82.

Campbell,C. e Gildersleeve,J. Ferramentas para a glicómica: microarrays de glicanos e lectinas.
Em: Reconhecimento de hidratos de carbono Ed: Wang,B. e Boons,G.J. **2011**, 205-227.

Celio, M.R.,Pauls,T. e Schwaller,B. **1996**. Guide book to Calcium-binding proteins. Uma publicação de Sambrook & Tooze na Oxford University Press.

Chao, S.-H., Suzuki, Y. Zysk, J.R., e Cheung, W.Y.. Activation of calmodulin by various metal cations as a function of ionic radius. Mol. Pharmac. **1984**, 26: 75 - 82.

Cherry, J.H.. Ácido nucleico, mitocôndrias e alterações enzimáticas em cotilédones de sementes de amendoim durante a germinação. Plant Physiol **1963**, 38: 440-446.

Chibbar, R.N. e van Huystee, R.B.. O ácido glutâmico é o precursor heme da peroxidase sintetizada por células de amendoim em cultura. Phytochem. **1983a**, 22: 1721 - 1723

Chibbar, R.N. e van Huystee Immunological relatedness of peanut peroxidase from cells in suspension culture to the peanut plant. Z. Pflanzenphysiol. **1983b**, 109: 191196
Chibbar ,R.N., Cella, R. e van Huystee, R.B. The heme moiety in peanut peroxidase, Can. J, Biochem. snd Cell Biol. **1984a**, 62: 1046 - 1050.

Chibbar, R.N. e van Huystee, R.B.. Immuno affinity studies on cationic peanut peroxidase. J. Plant Physiol. **1984b** ,116: 365 - 373

Chibbar, R..N., Cella R. Albani, D. e van Huystee R.B.. O crescimento e a síntese de peroxidase por duas linhas celulares de cenoura. J. Exptl Bot. **1984c**., 35: 1846 -1852

Choi, J. Diao, H. Feng, Z-C, Lau, A., Wang, R., Jevnikar, A.M. and Ma, S. A fusion protein derived from plants holds promising potential as a new oral therapy for type 2 diabetes. Plant Biotechn. J, **2013**, 1: 1 - 11.

Cipollo, J.F., Trimble,R.B., Rance,R e Cavanagh,J. Experiências bidimensionais de espetroscopia Overhauser de 1H NMR com estrutura rotativa para identificação selectiva de ligações 1,2-glicosídicas em polissacáridos. Anal. Biochem. , 278: 52 0-58, **2000.**

Clore, G.M. e Gronenborn, A.M., NMR of proteins. Tópicos de biologia molecular e estrutural. The Macmillan Press Ltd**. !993**

Cummings,R.D. e Kornfeld,S. Fracionamento de oligossacáridos ligados à asparagina por cromatografia de afinidade de agarose com lectina em série. J. Biol. Chem. **.** 257: 1235 -1240. **1982**

Dean, P.D.G., Wilson, W.S. e Middle, F.A. Affinity chromatography, A practical approach. IRL Press. **1987**

De Luca, V. Salim, V. Atsumi, S.M., Yu F. Mining the biodiversity of plants: A revolution in the making. Science 336: 1658 - 1662. **2012**
Datta, s.k. e Muthukrishna, S Pathogenesis-related proteins in plants. CRC Press **1999.**

Duda, C.T., Richmond, A.E. e Cherry, J.H.. Phosphoric monoester hydrolases in cotyledons of germinating peanut seeds. Phytochem. **1967**, 6: 171 - 179.

Dunford, H.B. Horseradish peroxidase: Estrutura e propriedades cinéticas. In: Peroxidases in Chemistry and Biology Vol II Ed. J Everse, K.E. Everse e M.B. Grisham. CRC Press **1991**, 1 - 24.

Dunford, H.B. Heme Peroxidases. John Wiley and Sons Inc-VCH **1991**

Dunforth, H.B. Peroxidases & Catalases, p. 223. John Wiley & Sons. **2010**.

Dwek, R. Glycobiology: Para compreender a função dos açúcares. Chem. Rev. **1996**, 96; 683 - 720.

Edge, A.S., Faltynak,C.R., Hof, L. Reichert, L.E. e Weber,P. Deglicosilação de glicoproteínas por ácido trifluorometanossulfónico. Anal. Biochem. **1981**, 118: 131 - 137.

Elbein, A.D. 1987. Inibidores da biossíntese e processamento de cadeias de oligossacáridos ligados a N. Ann. Rev. Biochem. **1987**, 56: 497- 534.

Elbein, A.D.. Glycoprotein processing and glycoprotein processing inhibitors. Plant Physiol. **1988**, 87: 291 - 295.

Elmayan, T. e Tepfer,M. Síntese de uma proteína de fusão bifuncional metalotioneína/p-glucuronidase em plantas de tabaco transgénicas como meio de reduzir os níveis de cádmio nas folhas. The Plant J. **1994**, 6: 433 - 440.
Epstein,L. e Lamport, D.T.A.. Uma ligação intramolecular envolvendo isotirosina em extensão. Phytochem. **1984**, 23: 1241 - 1246.

Evans J.J. e Alldridge, N.A. The distribution of peroxidase in extreme dwarf and normal tomato. Phytochemistry **1965**, 4: 499- 503.

Evert, R.F. Esau s Plant anatomy. Wiley Interscience **2006** 48.

Faik,A., Chambat,G. and Joseleau, J.P..Changes in cell wall-bound polysaccharidases activities during the culture cycle of a Rubus fructicosus cell suspension. Int. J. Biol. Macromol. **1995**, 17: 381 - 386.

Faye,L. e Salier, J-P. Experiências de controlo adicionais com lectina para avaliar a micro-heterogeneidade das glicoproteínas. Lectins- Biology, Biochemistry Clinical Biochemistry **1982,** Vol 11 605- 617.

Freeze, H.H. e Ng B.G. Golgi glycosylation and human inherited diseases (Glicosilação do Golgi e doenças hereditárias humanas). In: O Golgi. Cold Spring Harbor Lab Ed Warren, G. e Rothman, J. **2011**, 35 -56.

Fry, S.C. A parede celular das plantas em crescimento: Análise química e metabólica. Longman scientific and technical. **1988**

Fry, S.C. Cell wall polysaccharide composition and covalent cross linkages (Composição de polissacáridos da parede celular e ligações cruzadas covalentes). Revisões anuais de plantas **2011**, 41: 1-42.

Fukuda,M. e Hindsgaul, O. Molecular Glycobiology **1994**. p.244. Imprensa do IRL

Galfre,G. e Milstein, C.. Preparação de anticorpos monoclonais. Methods of Enzymology **1981**, 73: 1 -46.
Gijzen,M. van Huystee, R.B. e Buzzell, R.J.. Soybean seed coat peroxidase. A comparison of high-activity and low-activity genotypes. Plant Physiol. **1993**.103: 1061-1066.

Girardet,.M., Coddeville,B., Plancke,Y., Strecker,G., Campagna,S., Spik, G. e Linden G. Structure of glycopeptides isolated from bovine milk component PP3. Eur. J. Biochem. **1995**, 234: 939 - 946.

Goding, J.W. Monoclonal antibodies: Principles and Practice. Academic Press.

Harcourt Brace Jovanovich Publ. **1986**.

Grbic, V. 2002. Desenvolvimento do meristema axilar. Meristematic tissues in plant growth and development. McManus, M.T. e Veit, B.E. CRC Press **2002**. 142 - 171.

Green, E.D. e Baenziger, J.U.. Characterization of oligosaccharides by lectin affinity high-performance liquid chromatography. TIBS **1989** 14: 168 - 172

Guerinot, M. L. e Yi, Y.. Iron: nutritious, noxious, and not readily available. Plant Physiol. **1994**, 104: 815 - 820.

Guinel, F.C. and McCully, M.E. The cells shed by the rootcap of Zea\; their origin and some structural and physiological properties. Plant, Cell and Environment **1987** 10:565-578/

Harthill,J.E. e Thomson,K.K. 1995. Análise das estruturas de glicano da isoenzima EII da cevada (1-3,14) -0-D-glucan 4 glucanohyrolase. Plant Physiol. Biochem **1995**,. 33:9-18.

Havel,H.A. Métodos espectroscópicos para determinar a estrutura das proteínas em solução.

VCH Publishers Inc. **1996**

Hodgins,R.R. e van Huystee, R.B.. Delta-aminolevulinic acid metabolism in chill stress Maize. J. Plant Physiol. **1986**, 126: 257 -268.

Homans, S.W. Conformational studies on oligosaccharides . Molecular Glycobiology. 230. Ed. Fukuda, M. e Hindsgaul, O. IRL Press. **1994**

Hopkins, W.G.. Introdução à fisiologia vegetal. John Wiley and sons Inc. **1999** 7-9.

Huesemann,W., Fischer,K,, Mittelbach, I. Huebner,S. Richter, G e Barz,W..

Culturas de células vegetais fotoautotróficas para estudos sobre o metabolismo primário e secundário. In: Primary and secondary metabolism of plant cell cultures II. Ed Kurz W.G.W. **1989**, páginas 35- 46.

Hu, C. Carbonera,D. e van Huystee, R.B.,. Produção e caraterização preliminar de anticorpos monoclonais contra a peroxidase de amendoim. Plant Physiol. **1987a,**. 85: 299- 303.

Hu, C. Lee, D. Chibbar, R.N. e van Huystee, R.B.. Ca2+ e peroxidase derivados de células de amendoim em cultura. Physiol. Plant. **1987b,** 70: 99 - 102.

Hu, C., Carbonera, D.A. e van Huystee, R.B.. Produção e caraterização preliminar de anticorpos monoclonais contra a peroxidase catiónica do amendoim. Plant Physiol. **1987c,** 85: 299-303.

Hu, C., Smith, R. e van Huystee, R.B.. Biosíntese e localização de peroxidases de amendoim. A comparison of the cationic and anionic isozymes. J. Plant Physiol. **1989** 135: 391 - 397.

Hu, C. e van Huystee, R.B. Role of carbohydrate moieties in peanut peroxidase.

Biochem. J. **1989a,** 263: 129 - 135.
Hu,C. e van Huystee, R.B.. Immunochemical relatedness of two peroxidase isozymes from peanut cell culture. Biochem. Cell Biol. **1989b,** 67: 371 - 376.

Hu, C. e van Huystee, R.B. Immunological similarities of the cationic and anionic peanut peroxidase. Biochem. Biophys. Res. Comm. **1989c,** 163: 689 - 694.

Hu, C., Krol, M e van Huystee, R.B. Comparação da peroxidase aniónica com a peroxidase catiónica de células de amendoim em cultura. Plant Cell, Tissue and Organ Culture **1990,** 22: 65 - 70.

Huber, D.J. e Nevins, D.J.. Anticorpos de proteínas da parede como inibidores do crescimento e das reacções autolíticas da parede celular isolada. Physiol. Plant. **1981,** 53: 533 -539.

Ingram, J.. Fatal flaws. Como as proteínas mal dobradas confundiram os cientistas e mudaram a forma como olhamos para o cérebro. Harper Collins Publ. **2012** . p110.

Inoue M e van Huystee, R.B. 1984. Efeitos do tratamento com cafeína isoladamente e em combinação com a exposição a raios gama em células de cultura. Can. J. Bot. **1984,** 62: 1890 - 1895

Jamieson,J.D. e Palade, G.E. J. Cell Biol. **1968**, 39: 589- 601.

Janeway, C.A., Travers,P., Walport, M e Shlomchick, M. Immuno-biology. Garland Publishing. **2001** 5th Ed.

Karlin, K.D.. Metalloenzymes, structural motifs, and inorganic models. Science **1993**, 261: 701 - 708.

Koppitz,H. Woehlecke,H. e Ehwald, R. Tratamento de reticulação para aumentar a capacidade de ligação à lectina de um sorvente de afinidade vescicular constituído por paredes celulares de plantas superiores. Phytochem. **1994,** 35: 1205 -1213.

Kossatz, V.C. and van Huystee, R.B. The specific activities of peroxidase and aminolevulinic acid dehydratase during the growth cycle of peanut suspension culture. Can. J. Bot. **1976,** 54: 2089 - 2094

Lambeir, A-M., Dunford, H.B., van Huystee, R.B. e Lobarzewski, J. Spectral and kinetic properties of cationic peroxidase secreted by cultured peanut cells. Can. J. Biochem. Cell Biol. **1985,** 63: 1086 - 1092.

Law, I.J., Kriel, M.M. and Strydom, B.W. Differences in distribution of mannose and galactose binding lectins in peanut tissue. Plant Sci. **1990**, 71: 129 - 135.

Law, I.J., Haylett, T., Mort, A.J. e Strydom, B.W.. Evidence of differences between related galactose specific lectins from nodules and seeds of peanut. Plant Sci. **1991,**75: 123 - 127.

Law, I.J. e van Tonder, H.J. Localization of mannose- and galactose-binding lectins in an effective peanut nodule (Localização de lectinas de ligação à manose e à galactose num nódulo de amendoim eficaz). Protoplasma **1992,** 167: 10 - 18.

Lewis, N.G. e Sarkanen,S. Lignin and lignin biosynthesis. Série de Simpósios ACS 697 **1998**.

Li, P.H., Weiser,C.J., and van Huystee, R.B., Changes in metabolites of red-osier dogwood during cold acclimation. Am. Soc. Horticultural Sci. **1965**, 86: 723 - 730.

Lige B. Ma, S. e van Huystee, R.B.. Expressão do cDNA da peroxidase de amendoim em Escherichia coli e purificação da proteína por afinidade de níquel. Plant Physiol. and Biochem. **1998a.,** 36: 335 - 338.
Lige, B., Ma, S. e van Huystee, R.B. Expressão e caraterização da peroxidase catiónica do amendoim em tabaco transgénico e purificação da proteína marcada com histidina. Plant Sci. **1998b**, 136: 159- 168.

Lige,B. Ma, S. e van Huystee, R.B. Glicosilação do gene da peroxidase catiónica do amendoim expresso em tabaco transgénico. Plant Sci. **2000**., 156: 55 - 63.

Lige,B. Ma,S. and van Huystee,R.B. The effects of the site-direted removal of N-glycosylation from the cationic peanut peroxidase on its function. Arch. Biochem. Biophys. **2001**, 386: 17- 24.

Linsmayer, E.M. e Skoog, F. Necessidades de factores de crescimento orgânico das culturas de tecidos de tabaco. Physiol. Plant. **1965**, 18: 100- 127.

Lobarzewski, J e van Huystee, R.B.. Purificação de peroxidase catiónica de amendoim por cromatografia de imunoafinidade. Plant Science Lett. **1982,** 26: 39 - 46..

Mainguy,P.N.R., van Huystee, R.B. e Hayden, D.B.. Form and action of protease in cotyledons of germinating seeds. Can. J. Bot. **1972.** 50: 2189 - 2195.

Maldonado, B.A. e van Huystee, R.B. Isolamento de uma peroxidase catiónica de células de amendoim em cultura. Can. J. Bot. **1980,** 58: 2280 - 2284.

Mao, X, Qin, J. e Lin, B. **2007** Cromatografia de afinidade de lectina miniaturizada. In: Lectinas: Tecnologias Analíticas 213.

Maya, R.B., Amor, Y., Rosenberg,R., Byk-Tennenbaum,T. Samokovlisky,A., Olender,R., Bangio,H., Rosenfeld,R. Glycoanalysis on a lectin array: applications to development of biopharmaceuticals and life science research. . **2007**. Capítulo 27 em: Glycobiology Ed. Sansom,C. e Markman,O. Scion Publishing. Replika Press, Índia
McManus, M.T. McKeating, J. Secher, D.S. Osborne, D.J. Ashforth,D. Dwek, R.A. and Rademacher,T.W. Identification of a monoclonal antibody to abcission tissue that recognizes xylose/fucose containing N-linked oligosaccharides from higher plants Planta **1988**. ,175: 506- 512.

Means, A.R., Tash, J.S., Chafousleas, J.G. Physiological implications of the presence, distribution and regulation of calmodulin in eukaryotic cells. Physiol. Rev. **1982,** 62: 1 - 39.

Mirelman,D.. Microbial lectins and agglutinins. Propriedades e atividade biológica

Publicação Wiley-Interscience. **1986**

Montgomery, R. Investigação em subprodutos agrícolas e agro-industriais. Recent Res. Devel. in Agricultural & Food Chem. 67 - 69.

Montreuil, J. Vliegenthart, V.F.G. e Schachter, H. Glycoproteins and diseases.

New Comprehensive Biochemistry Vol. 30. Elsevier publ. **1996**

Nakagawa, H., Zheng, M., Hakomori, S., Tsukamoto,Y., Kamamur,Y e Takahashi,N. Estrutura detalhada de oligossacarídeos da integrina humana a501 analisada por técnica de mapeamento tridimensional. Eur. J. Biochem **1996**, 237: 76- 85.

Neuhoff, V.. Micromethods in molecular Biology **1973,** p 195. Springer Verlag

Nilson, C.L. Lectins, publicação de **2007** da Analytical Technology Elsevier.

Nishitani,K. e Masuda, Y. Crescimento e alterações da parede celular em epicótilos de feijão asuki. Alterações nos polissacáridos da parede celular durante o crescimento intacto. Plant Cell Physiol **1979**,.20: 63 - 74.

O'Donnell, J.P., Wan, L. e van Huystee, R.B. Characterization of two forms of cationic peroxidase from cultured peanut cells. Biochem. Cell Biol. **1992**. 70: 166 - 169.

Paull, R.E. Johnson, C.M. and Jones, R.L. Studies on the secretion of maize root cap slime. 1. Algumas propriedades do polímero secretado. Plant Physiol. **1975** 56: 300 - 306.

Pathirana,R., Watson,L., Chen,B., Leung, S., Voisey.C., Murray, T. e McManus, M.T. Phytochem.**2005**. 66: 1869- 1879.

Pascal,N. e Douce,R.. Effect of iron deficiency on the respiration of sycamore (Acer pseudoplatanus L.) cells. Plant Physiol**, 1993** 103: 1329 -1338.

Pei, Z.-M. e Gilroy, S. Calcium signals and their regulation (Sinais de cálcio e sua regulação). Ann. Plant Rev. **2008.** 33; 137 - 162.

Permyakov, E.G. e Kretsinger, R.H.. Calcium binding proteins. Série Wiley em ciência de proteínas e peptídeos. **2011**.

Racusen,D. and Foote, M. Protein synthesis in dark grown bean leaves. Can. J. Bot. **1965**, 43: 817 - 824.

Ravi, K. Hu, C. Reddi P.S. e van Huystee, R.B.. Effect of tunicamycin on peroxidase release by cultured peanut suspension cells (Efeito da tunicamicina na libertação de peroxidase por células em suspensão de amendoim em cultura). J. Exp. Bot. **1986,** 37: 1708 - 1715.

Robinson, T. The organic constituents of higher plants. 4th ed. Cordus Press. Porphyrins chapter **1980,** 14; 295 - 309.

Rodriguez Maranon, M.J., Stillman, M.J. e van Huystee, R.B. Co-dependência de cálcio e porfirina para uma estrutura molecular integrada de peroxidase de amendoim: Uma análise de dicroísmo circular. Biochem. Biophys. Res. Comm. **1993**. 194: 326 - 332.
Rouault, T.A.. As bactérias patogénicas preferem o heme. Science **2004**, 305: 1577 - 1578.

Roth, J. **1995**. Compartimentação da biossíntese de glicoproteínas. Glycoproteins 287.

Elsevier

Roughley, P.J. e Mort, J.S. Capítulo 5. Catabolismo dos proteoglicanos. In: Proteoglycans, structure, biology and molecular interaction Ed R.V. Iozzo. Marel dekker Inc. **2000,** p 93 - 113.

Ruel, K. and Joseleau, J.P. Influence of xyloglucan oligosaccharides on the micromorphology of the walls of suspension-cultured Rubus Fructicosus cells. Ata Bot. Neerl. **1993**. 42: 363 - 378.

Sakurada, J. Takahashi,S. and Hosoya, T. Nuclear magnetic resonance studies on the spatial relationship of the aromatic donor molecules to heme iron of horseradish peroxidase. J. Biol. Chem. **1986**, 261: 9657 -9662.

Sattelmacher,B. e Horst, W.J. **2007** The apoplast of higher plants: compartment of storage, transport and reactions (O apoplasto das plantas superiores: compartimento de armazenamento, transporte e reacções). Springer Verlag

Schmitz,N., Gijzen,M. e van Huystee, R.B. Characterization of anionic soybean seed coat peroxidase. Can. J. Bot. **1997**, 75: 1336 - 1341.

Schuller, D.J. Ban, N. van Huystee, R.B. McPherson, A. e Poulos, T.L.. The crystal structure of peanut peroxidase. Structure **1996**, 4: 311 - 321.

Scopes,R.. Protein Purification. Principles and practice **1985** p 132 . Springer Verlag.

Serianni, A.S. Nuclear Magnetic Resonance approaches to oligosaccharide structure elucidation (Abordagens de ressonância magnética nuclear para elucidação da estrutura de oligossacarídeos). In: Glycoconjugates: composition, structure and function. Ed. Allen, H.J., Kisailus, E.C. Marcel Dekker publ. **1992**.,. 71 - 102

Sesto e van Huystee,. Purificação e produção de peroxidase catiónica a partir de cultura de células em suspensão de amendoim. Plant Sci. **1989** 61: 163 -168

Shannon,L.M., Kay,E. and Lew J.Y. Peroxidase isozymes from horse radish roots. 1. Isolamento e propriedades físicas. J. Biol. Chem. **1966**, 241:2166 -2172.

Sharon,N. e Lis,H., **2003.** Lectinas: 336. Segunda edição. Kuwer Acad. Publ.

Shaw, G. Sun Y., Barber, K.R. e van Huystee, R.B Análise específica da sequência da cadeia heterogénea de glicanos da peroxidase do amendoim por espetroscopia 1NMR. Phytochem. **2000,** 53: 135 - 144.

Sojar,H.T. and Bahl, O.P. A chemical method for the deglycosylation of proteins. Arq. Biochem Biophys. **1987**, 259: 52 - 59.

Spiess,L.D., Lippincott, B.B., e Lippincott, J.A.. Influência da octopina, do cálcio e de compostos que afectam o transporte de cálcio na formação de botões induzida pela zeatina em Pylaisiella selwynii. Am. J. Bot **1984,** 71:1416 -1423.

Srivastava, O.P. e van Huystee, R.B.. Evidence for close association of peroxidase, polyphenol oxidase and IAA oxidase isozymes of peanut suspension culture medium. Can. J. Bot. **1973,** 51: 2207 - 2215.

Srivastava, O.P. e van Huystee, R.B. Interações entre fenólicos e isozimas de peroxidase. Bot. Gaz. **1977**, 138: 457 - 464

Stecher, P.G., Windholz, M. Leahy, D.S. (eds). The Merck Index - An encyclopedia of Chemicals and Drugs, 8th ed Merck Rahway NJ. **1968**

Stephan, M.M... Os açúcares têm um 'Ome próprio'. The Scientist 45 - 47. **2004**.
Stephan,D. e van Huystee, R.B.. Biossíntese de peroxidase como parte da síntese de proteínas por células de amendoim em cultura. Can. J. Biochem. **1980**. 58: 715 - 719.

Stephan,D. e van Huystee, R.B.. Alguns aspectos da síntese de peroxidase por células de amendoim em cultura. Z. Pflanzenphysiol. **1981**, 101: 313 - 321.

Sturm, A. Heterogeneidade de oligossacáridos complexos ligados a N em locais de glicosilação específicos de duas glicoproteínas secretadas de cenoura. Eur. J. Biochem. **1991**, 199: 169-179.

Stutz, A.E.. Iminosugars as glycosidase inhibitors. Wiley-VCH. **1999**

Sun,Y., Lige,B. e van Huystee, R.B. Determinação por HPLC da composição de açúcares dos glicanos na peroxidase catiónica do amendoim. J. Agric and Food Chem. **1997**, 45: 4196 - 4200.

Tarentino, A.L., Gomez, C.M. e Plummer, T.H.. Deglycosylation of asparagine linked glycans by peptide: N-glicosidase F. Biochemistry **1985**, 24: 4665 -4671.

Taylor,M.E.e Drickamer, K.Introduction to Glycobiology **2003**. 183 -196.

Taylor,M.E. e Drickhamer,K. Glycobiology. Terceira edição. Oxford Press. **2011**

Teissere,M., Penon,P., van Huystee,R.B., Azou,Y. e Ricard,J. Hormonal control of transcription in higher plants. Biochem. Biophys. Ata **1975**, 402: 391- 402.

Terry, M.J., Wahleithner, J. A. e Lagarias, J.C.. Biosíntese do fotorreceptor vegetal

fitocromo. Arch. Biochem. Biophys. **1993**, 306: 1 - 15.
Tomiya,N., Awaya,J., Kurono, M., Endo,S., Abata, Y. e Takahashi, N.. Análise de oligossacáridos ligados a N utilizando uma técnica de mapeamento bidimensional. Anal. Biochem. **1988**, 171: 73 - 90.

van den Berg, B.M. Chibbar, R.N. and van Huystee A comparative study of a cationic peroxidase from peanut and a anionic peroxidase from Petunia. Plant Cell Rep. **1983**, 2: 304 - 307.

van Huystee, R.B., Jachymczyk, W. Tester, C.F. e Cherry J.H. X-irradiation effects on protein synthesis and synthesis of messenger ribonucleic acid from peanut cotyledons. J. Biol. Chem. **1968**. 243: 2315 - 2320.

van Huystee, R.B. and Verma , D.P.S. The incorporation of leucine in cotyledons of control and irradiated peanut seeds Radiation Bot. **1969**, 9:323 -329.

van Huystee, R.B.. Fragmentação de uma proteína de armazenamento, arachin, por radiação gama. Radiation Botany **1971**, 11: 287 -292.

van Huystee, R.B. A study on the degradation of arachin by proteolytic enzymes (Estudo da degradação da araquina por enzimas proteolíticas). Can.
J. Bot. **1973,** 51: 2217 - 2222.

van Huystee, R.B. Immunological studies on proteins released by peanut suspension culture. Bot Gaz. **1976a,** 137:325 - 329.

van Huystee, R.B. Acides nucleiques et synthese des proteins chez les vegetaux.

Colloques internat. du centre national de la recherche scientifique. **1976b**. 261: 545 - 550.

van Huystee, R.B.. Um estudo da síntese de peroxidase por meio de dupla marcação e cromatografia de afinidade. Can. J. Bot. **1976c**, 54: 876- 880
van Huystee, R.B. Porphyrin and peroxidase synthesis in cultured peanut cells (síntese

de porfirina e peroxidase em células de amendoim em cultura). Can. J. Bot. **1977**, 55: 1340 - 1344.

van Huystee, R.B. e Cairns, W.L.. Appraisal of studies on the induction of peroxidase and associated phorphyrin metabolism. Bot.Rev. **1980**, 46: 429 - 446.

van Huystee R.B. e Maldonado, B.. Some physicochemical properties of a major cationic peroxidasee from cultured peanut cells. Physiol. Plant. **1982**, 54: 88 - 92.

van Huystee, R.B. e Lobarzewski, J. An immunological study o peroxidase release by cultured peanut cells. Plant Sci Lett. **1982**, 27: 59 - 67.

van Huystee, R.B. e Chibbar, R.N.. Peanut peroxidase: Um sistema modelo para a análise da peroxidase. Isozymes: Current topics in biological and medical research: **1987**, 13: 155.

van Huystee, R.B.. Alguns aspectos moleculares dos estudos biossintéticos da peroxidase vegetal. Ann. Rev. Plant Physiol **1987.** 38: 205 - 219.

van Huystee, R.B. e Tam, A.S.K. Peptides released by cultured peanut cells during growth. J. Plant Physiol. **1988**. 133: 645 - 647.

van Huystee, R.B.. Molecular aspects and biological functions of peanut peroxidases. Peroxidases in Chemistry and Biology. Ed. Everse, J., Everse, K.E. e Grisham, M.B. **1991** Vol II, 155- 170.

van Huystee, R.B. Plant cell development and secondary metabolites. In: Biotechnology current progress. Ed Cheremisinoff P.N. e Ferrante, L.M.. **1991**, 249 - 257.

van Huystee,R.B., Xu, Y. e O'Donnell Variação na absorção da banda soret da peroxidase devido ao cálcio. Plant Physiol. Biochem. **1992**, 30: 293 - 297.

van Huystee, R.B., Sesto,P.A., and O'Donnell, J.P. Number and size of oligosaccharides linked to peanut peroxidases. Plant Physiol. Biochem. **1992**, 30: 147 - 152.

van Huystee, R.B. e Zheng,X.. Peroxidase catiónica de amendoim e a oxidação do ácido ferúlico. Phytochem. **1993**, 34: 933- 939.

van Huystee, R.B. Malko,M., Wen K. e Gijzen,M. Isolamento da peroxidase do feijão e do painço em comparação com a do amendoim. Can. J. Bot. **1994**, 72: 1432 - 1435.

van Huystee, R.B. e Wan, L. Carbohydrate moiety of peanut peroxidase necessary for enzyme activity. C.R. Acad. Sci. Paris. Ciências da Vida **1994**. 317:789- 794.

van Huystee, R.B. and Zheng, X. Peanut peroxidase, its location and extension, coniferyl oxidation. Plant Physiol. Biochem. **1995a**., 33: 55 -60.

van Huystee, R.B. and Zheng, X. Half-life of peroxidase in actively growing and arrested peanut cells. C.R. Acad.Sci. Paris/Ciências da Vida **1995b**, 318: 655 - 658.

van Huystee, R.B. e McManus, M.T. **1998**. Glycans of higher plant peroxidases: recent observations and future speculations. Glycoconjugate Journal 15: 101- 106.

van Huystee, R.B., Sun Y. e Lige B. Um olhar retrospetivo sobre a peroxidase catiónica do amendoim. Critical Rev. in Biotechnology **2002.** 22: 335 - 354.

van Huystee, R.B., Roig, M.G., Shnyrov, V.L. e Sakharov, I.Y. Peroxidase stability related to its calcium and glycans. Phytochem. Revisão **2004,** 3: 19 - 28

Varki, A.. Biological roles of oligosaccharides: all of the theories are corret. Glycobiology **1993**,. 3: 97 - 130.
Varner, J.E., Song, y-R, Lin, L.S. e Yuen,H.. The role of wall proteins in the structure and function of plant cell walls. A base molecular do desenvolvimento das plantas. **1989,**

161 - 168.

Verma, D.P.S. Ionizing radiation and plant cells (Radiação ionizante e células vegetais). Glimpses in Plant Research **1976** 1: 269.

Verma, D.P.S. e van Huystee, R.B.. Cellular differentiation and peroxidase isozymes in cell culture of peanut cotyledons (Diferenciação celular e isoenzimas de peroxidase em cultura celular de cotilédones de amendoim). Can. J. Bot. **1970a.**, 48: 429- 431.

Verma, D.P.S. and van Huystee, R.B. Aberrant recovery of protein synthesis after massive irradiation of Arachis hypogaea cells in vitro. Radiation Research. **1971a**. 48: 531- 541.

Verma D.P.S. e van Huystee, R.B.. Derivação, caraterização e cultura em grande escala de uma linha celular a partir de cotilédones de Arachis hypogaea L. Exper. Cell Res. **1971**, 69: 402- 408

Verma, D.P.S. e van Huystee, R.B.. Indução de células gigantes em culturas em suspensão de Arachis hypogaea L por irradiação maciça. Radiation Research **1971b**. 48: 518 - 530.

Verma, D.P.S. and van Huystee, R..B. Relationship between peroxidase, catalase, and protein synthesis during cellular development in cell cultures of peanut. Can. J. Biochem. **1970b,** 48: 444-449.

Vliegenthart, J.F.G., Dorland, H. e van Halbeek, H. Alta resolução H-Nuclear[1]

Espectroscopia de Ressonância Magnética como ferramenta na análise estrutural de hidratos de carbono relacionados com glicoproteínas. Avanços na química e bioquímica dos hidratos de carbono **1983**, 41: 209-373
von der Lieth, C-W, Luetteke, T. e Frank, M. Bioinformtics for glycobiology and Glycomics. Wiley Blackwell **2009**

Wallner,S.J. and Nevins, D.J. Changes in cell walls associated with cell separation in suspension cultures of Paul's scarlet rose. J. Exp Bot. **1974,**. 25: 1020 - 1029.

Wan. L. e van Huystee, R.B. Determinação rápida de glicoproteínas e glicopeptídeos por ensaio de dot-blotting com reagente de ácido periódico de Schiff em membrana de nitrocelulose. J. Agr.and Food Chemistry **1993a**, 41:896 - 898.

Wan,L. e van Huystee,R.B.. Um estudo da glicosilação da peroxidase catiónica do amendoim.
Biochem and Biophys. Res. Comm. **1993b**, 194: 1398 - 1405

Wan, L e van Huystee, R.B.. Immunogenicity of the N-glycans of peanut peroxidase. Phytochem. **1994**, 37: 933 - 940.

Wan, L., Gijzen,M. e van Huystee, R.B. Heterogeneous glycosylation of cationic peanut peroxidase . Biochem. Cell Biol. **1994,** 73: 411 - 417.

Wayne, R. Plant cell biology. Elsevier. **2009**.

Wilhelm, S.W. and Trick, C.G. Physiological profiles of Synechococcus (Cyanophyceae) in iron-limiting continous cultures. J. Physiol. **1995**, 31: 79-85.

Wilson, L.G. e Fry, J.C.. Extensin - uma importante glicoproteína da parede celular. Planta, Célula e Ambiente **1995...** 9: 239 - 260.

Xu,Y. Hu, C. and van Huystee,R.B. Quantitative determination of a peanut anionic peroxidase by specific monoclonal antibodies. J. Exp. Bot. **1990**, 41: 1479 - 1488
Xu,Y. e van Huystee,R.B.. Identification of an antigenic determinant on anionic peanut peroxidase by monoclonal antibodies. **1991**, J. Exptl Bot. 42: 935 - 945.

Xu,Y. e van Huystee, R.B.. Effect of calcium, its inhibitors and heavy metals on the growth cycle of peanut cell aggregates (Efeito do cálcio, seus inibidores e metais pesados no ciclo de crescimento de agregados de células de amendoim). Plant Cell, Tissue and Organ Culture **1993a** 32: 319- 328.

Xu, Y. e van Huystee, R.B. Association of calcium and calmodulin to peroxidase secretion and activation. J. Plant Physiol. **1993b**, 141: 141- 146.

Yamamoto,E., Bokelman, G.H. e Lewis,. Phenylpropanoid metabolism in cell walls. Plant Cell Wall Polymers, Biogenesis and Biodegradation. **1989** 68- 88.

Yasuda, Y., Takahashi,N. e Murachi,T.. Oxidação por periodato da porção de hidratos de carbono da bromelaína do caule sem grande alteração da atividade enzimática. Biochem **1971**,.10: 2624- 2630.

Yuriev,E. e Ramsland, P.A. **2013**. Glicobiologia estrutural. 1.3.3 a. e 8. b

Zhang,S., Wei,Y. e Pan, H. Plantas de arroz transgénico que expressam um novo glicopeptídeo anticongelante possuem resistência ao frio e a doenças. Z. Naturforsch. **2007**, 62c: 583591.

Zhang,C., Doherty-Kirby, A. van Huystee, R.B. and Lajoie, G. Investigation of cationic peanut peroxidase glycans by electrospray ionization mass spectroscopy. Phytochem. **2004**, 65: 1575 - 1588.

Zheng, X. e van Huystee, R.B. Peroxidase-regulated elongation of segments from peanut hypocotyls. Plant Sci. **1992a.** 81: 47 - 56.

Zheng,X. e van Huystee, R.B.. Oxidation of tyrosine by peroxidase isozymes derived from peanut suspension culture medium and isolated cell walls. Plant Cell, Tissue and Organ Culture **1991a** 25: 35 - 43.

Zheng,X. and van Huystee, R.B..Immunological assays on the relation of culture medium peroxidases to those in fractions from peanut cells. J. Plant Physiol. **1991b** 138: 528- 532.

Zheng,X. e van Huystee,R.B. 1992b. A peroxidase aniónica catalisou a oxidação do ácido ascórbico e do AIA na presença de peróxido de hidrogénio: um sistema de defesa contra o stress peroxidativo no amendoim. Phytochem. **1992b**, 31: 1895- 1898.

More Books!

yes I want morebooks!

Buy your books fast and straightforward online - at one of world's fastest growing online book stores! Environmentally sound due to Print-on-Demand technologies.

Buy your books online at
www.morebooks.shop

Compre os seus livros mais rápido e diretamente na internet, em uma das livrarias on-line com o maior crescimento no mundo! Produção que protege o meio ambiente através das tecnologias de impressão sob demanda.

Compre os seus livros on-line em
www.morebooks.shop

info@omniscriptum.com
www.omniscriptum.com

OMNIScriptum

MIX
Papier aus verantwortungsvollen Quellen
Paper from responsible sources
FSC® C105338

Printed by Books on Demand GmbH, Norderstedt / Germany